Friedrich Duge

Wohlfahrtseinrichtungen in der Seefischerei

Friedrich Duge

Wohlfahrtseinrichtungen in der Seefischerei

ISBN/EAN: 9783954271580
Erscheinungsjahr: 2012
Erscheinungsort: Bremen, Deutschland

© maritimepress in Europäischer Hochschulverlag GmbH & Co. KG, Fahrenheitstr. 1, 28359 Bremen. Alle Rechte beim Verlag und bei den jeweiligen Lizenzgebern.

www.maritimepress.de | office@maritimepress.de

Bei diesem Titel handelt es sich um den Nachdruck eines historischen, lange vergriffenen Buches. Da elektronische Druckvorlagen für diese Titel nicht existieren, musste auf alte Vorlagen zurückgegriffen werden. Hieraus zwangsläufig resultierende Qualitätsverluste bitten wir zu entschuldigen.

MEERESKUNDE

SAMMLUNG VOLKSTÜMLICHER VORTRÄGE
ZUM VERSTÄNDNIS DER NATIONALEN BEDEUTUNG VON
MEER UND SEEWESEN

HEFT 89

WOHLFAHRTSEINRICHTUNGEN
IN DER
SEEFISCHEREI

VON F. DUGE, CUXHAVEN

8. Jahrgang
5. Heft

BERLIN 1914
ERNST SIEGFRIED MITTLER UND SOHN
KÖNIGLICHE HOFBUCHHANDLUNG
KOCHSTRASSE 68—71

Preis
50 Pf.

MEERESKUNDE
SAMMLUNG VOLKSTÜMLICHER VORTRÄGE
ZUM VERSTÄNDNIS DER NATIONALEN BEDEUTUNG VON
MEER UND SEEWESEN

ACHTER JAHRGANG	FÜNFTES HEFT

Wohlfahrtseinrichtungen in der Seefischerei.
Von F. Duge, Cuxhaven.

Die Seefischerei hat erst in den letzten Jahrzehnten eine volkswirtschaftliche Bedeutung erlangt, besonders nachdem der Dampf als treibende Kraft Eingang bei ihr gefunden hat. Aus dem kleinen, unbeachteten Gewerbe, das mit wenig seetüchtigen Fahrzeugen betrieben wurde und dessen Erzeugnisse für die Volksernährung eine untergeordnete Rolle spielten, ist ein Großbetrieb geworden, dessen moderne Schiffe bis nach Island, in das Nordmeer und an die marokkanische Küste gehen, um im Wettbewerb mit anderen Nationen an der Ausbeutung der reichen Schätze des Meeres teilzunehmen und dessen Fangergebnisse mit der Zeit eine größere nationalökonomische Bedeutung erlangen. Heute sind in der deutschen Seefischerei rund 30 000 Menschen tätig, die unseren Märkten 200 Millionen Pfund Fische im Werte von rund 40 Millionen Mark zuführen.

Diese Ausdehnung und gänzliche Umgestaltung des Gewerbes hat auch seine Berücksichtigung bei der Gesetzgebung, in weit höherem Maße als früher, notwendig gemacht und auf dem Gebiete der Wohlfahrtseinrichtungen ganz neue und höhere Aufgaben gestellt.

Handelte es sich früher um eine kleine Gruppe selbständiger Gewerbetreibender, die nach Art des kleinen

Handwerkers ihrem Erwerb nachgingen und für die soziale Gesetzgebung kaum in Frage kamen, so treten heute Großbetriebe auf, bei denen nach dem Stande unserer Sozialpolitik eine gesetzliche Regelung der Fürsorge für die in ihnen beschäftigten Personen und ihrer Angehörigen unumgänglich notwendig erschien. Die zunächst bei dieser Regelung noch unberücksichtigt gebliebenen Kleinbetriebe haben später ebenfalls in bestimmten Grenzen einbezogen werden müssen, weil eine Abgrenzung auf Schwierigkeiten stieß und große Härten für einzelne Beteiligte im Gefolge hatte. Während früher also alle Fürsorge- und Wohlfahrtseinrichtungen für die Seefischerei lediglich privater Initiative überlassen blieben, die meistens nur von Fall zu Fall in gegebener Veranlassung eingriff, sind heute die wichtigsten Verhältnisse durch Reichsgesetze geregelt. Deutschland steht in dieser Beziehung an der Spitze aller an der Fischerei beteiligten Nationen. In keinem anderen Lande ist bisher, trotz der vielfach nationalökonomisch viel größeren Bedeutung der Seefischereibetriebe, in der gleichen oder ähnlichen Weise für die Seefischer und ihre Angehörigen gesorgt worden, wie es durch unsere Fürsorgegesetzgebung der Fall ist. Die größte aller Wohlfahrtseinrichtungen, die Unfall-, Invaliditäts- und Altersfürsorge, ist in Deutschland verstaatlicht.

Alle Wohlfahrtseinrichtungen verfolgen den Zweck, die Härten und Unglücksfälle, die den Menschen bei der Ausübung seines Berufes bedrohen, nach Möglichkeit zu verhüten oder deren Folgen zu mildern. Das gefahrvolle Gewerbe der Seefischerei hat für solche humanitären Bestrebungen immer eine reichliche Gelegenheit geboten. Es liegt in der Art ihres Betriebes, daß die in ihr Tätigen sowohl auf See als am Lande mehr als in jedem anderen Beruf von Gefahren mancherlei Art bedroht sind.

Die Seefischerei ist die Seefahrt in der schwierigsten Form. Bei ihr handelt es sich nicht nur darum, das Schiff sicher von dem einen Hafen zum andern zu bringen; sondern dort, auf der hohen See und zu Zeiten, wo andere Seeleute nur auf die Sicherheit ihres Schiffes Bedacht zu nehmen haben, muß der Seefischer seine schwierige und oft gefährliche Arbeit des Fischens ausführen.

Während andere Schiffe die Nähe gefährlicher Küsten vermeiden und eine geeignete Gelegenheit abwarten, um sie anzusteuern, ist der Seefischer häufig gezwungen, sie aufzusuchen, um einen lohnenden Fang machen zu können. Wenn Schiffe gleicher Größe und gleicher Seefähigkeit im Winter ihre Fahrten einstellen und den schützenden Hafen aufsuchen, dann ist für manchen Seefischer die Hauptfangzeit gekommen, die er besonders intensiv ausnützen muß. Weder Sturm noch Winternacht schrecken ihn, er geht ruhig in See. Jahraus jahrein fahren unsere Fischdampfer nach Island und bis in den Dezember hinein in die Barentssee, bis das Polareis ihnen das Vordringen zu den Fischgründen unmöglich macht. Bei Schneestürmen und in fast dauernder Nacht wird hier in schwerer, aufreibender Arbeit der Reichtum des Meeres von unseren Seefischern aus der Tiefe herausgeholt. An den unwirtlichen und unbefeuerten Küsten Islands, wo das beste Hilfsmittel zur Orientierung bei unsichtigem Wetter, das Lot, infolge der steilen Abstürze der Küsten, versagt, muß oft bei Nebel und Nacht nach dem Gebrüll der Brandung navigiert werden, das die einzige Warnung bei zu großer Annäherung bietet. Das sind Verhältnisse, die ganze Männer und eine Spannkraft erfordern, wie sie in irgendeinem anderen Gewerbe kaum erheischt werden. Beweise männlichen Mutes und von Todesverachtung werden in der Seefischerei in großer Zahl erbracht. Heldentaten, namentlich bei der Rettung von in Seenot befindlichen Berufsgenossen, sind so allgemein, daß sie nicht einmal immer bekannt und sehr selten in das richtige Licht gerückt werden, weil die Beteiligten sie entweder ganz verschweigen oder in ihrer schlichten Weise als etwas Selbstverständliches hinstellen.

Sein Beruf macht den älteren Seefischer meistens zu einem ernsten, stillen Mann, während die jüngeren zu furchtlosen Naturen erzogen werden, die auf Fernerstehende, besonders am Lande, oft den Eindruck der Rauheit machen. Wer ihnen näher tritt, wird aber bald den guten Kern entdecken, den die vielfach rauhe Außenseite verdeckt. Es ist natürlich und entschuldbar, daß der nach schwerer Zeit auf See an Land zurückgekehrte junge, mit verhältnismäßig reichen Geldmitteln versehene, des Alkohols entwöhnte Seefischer im Kreise von Freunden und verführt durch solche, die sich ihm als angebliche Freunde nähern, seinen Gefühlen einen lauten Ausdruck gibt und leicht über das Maß des Üblichen hinausgeht. Überschäumende Jugendkraft und Unerfahrenheit bringen hier den jungen, Gutgläubigkeit und Arglosigkeit vielfach den alten Seefischer in ernste Gefahren.

Bei den Wohlfahrtseinrichtungen in der Seefischerei handelt es sich daher um solche, die dem Fischer auf See, und solche, die ihm am Lande dienen sollen. Beide sind gleich notwendig.

Zur Zeit, als die deutsche Seefischerei noch lediglich von kleinen, wenig seefähigen Fahrzeugen in der Küstennähe betrieben wurde, besaß England schon eine große Flotte von seetüchtigen Kuttern, die in der ganzen Nordsee fischten. Diese Fahrzeuge fischten in Verbänden und wurden von einem sogenannten Admiral geführt und kontrolliert. Ein Transportschiff sammelte den Fang der Flotte und brachte ihn an den Markt, während die fischenden Fahrzeuge Wochen und Monate in See blieben. Das Leben der Besatzung war außerordentlich eintönig und arbeitsreich. Es kann nicht wundernehmen, daß die von der Außenwelt abgeschlossenen Fischer durch den Verkehr mit fahrenden Schiffen versuchten, sich etwas Abwechslung zu schaffen. Dieser Verkehr führte zu einem Tauschhandel mit Fischen, Tabak und Spirituosen. Bald fingen auch unternehmungslustige Holländer und Deutsche an, den Fischerflotten mit besonders dafür eingerichteten Fahrzeugen Branntwein und Tabak, die zollfrei an Bord genommen wurden, zuzuführen und auf See ein Geschäft mit diesen Artikeln zu eröffnen. Dieses Vorgehen hat viel Unglück im Gefolge gehabt, lenkte aber auch die Aufmerksamkeit der Behörden und philanthropisch denkender Kreise auf sich und half dem Gedanken zum Durchbruch, den auf See lebenden Fischern zu helfen und ihr Leben möglichst menschenwürdig zu gestalten.

1881 wurde in England die **Royal National Mission to Deep Sea Fishermen** gegründet. Die Gesellschaft sagte sich, daß sie ihr Ziel, den Seefischern in allen Lebenslagen beizustehen und religiös auf sie einzuwirken, nur dann erreichen würde, wenn sie ihnen auf See folgte. Sie sandte denn auch zunächst ein kleines Segelfahrzeug hinaus, das die Fischerflotten auf See besuchte und außer einem Missionar vor allem auch einen Arzt und Medikamente mitführte. Außerdem gab man dem Schiffe auch Tabak mit, den es an die Fischer verkaufte und im Notfalle unentgeltlich verteilte, um sie von dem Tauschhandel und dem Verkehr mit den Handelsfahrzeugen, die sie auf See mit Alkohol versorgten, abzubringen.

1887 wurde dann zwischen Deutschland, England, Belgien, Frankreich, Dänemark und Holland der internationale Vertrag zur Unterdrückung des Branntweinhandels unter den Nordseefischern auf hoher See geschlossen. Er sieht das Verbot des Verkaufes von spirituösen Getränken vor an Personen, die sich an Bord von Fischerfahrzeugen befinden oder zu solchen Fahrzeugen gehören. Ebenso verbietet er jeden Austausch spirituöser Getränke gegen Erträgnisse des Fischfanges, Schiffsausrüstungsgegenstände oder Fischereigeräte. Der Handel auf See mit Mundvorräten oder andern zum Gebrauch der Fischer dienenden Gegenständen wurde von der Erteilung einer Konzession desjenigen Staates, dem das Schiff angehört, abhängig gemacht. Bei dieser Konzession ist zur Bedingung zu machen, daß das betreffende Schiff keine größere Menge Spirituosen an Bord führt, als zum Verbrauch durch die eigene Besatzung für notwendig zu erachten ist. Die konzessionierten Schiffe aller vertragschließenden Staaten haben gleichmäßig als Abzeichen am Topp des Hauptmastes eine weiße Flagge mit einem schwarzen S zu führen. Die Flagge heißt unter den Fischern die Tabaksflagge. Zu diesem Vertrage wurden dann im Jahre 1894 die Ausführungsgesetze erlassen und Übertretungen mit Gefängnis bis zu 6 Monaten oder Geldstrafen bis zu 600 M. bedroht.

Seitdem das Gesetz in Kraft ist, hat der Handel unter den Seefischern auf See für Unternehmer seinen Reiz verloren. Dagegen hat die Royal National Mission to Deep Sea Fishermen für ihre sämtlichen Schiffe die Konzession erhalten. Deren Zahl ist inzwischen auf 7 Hospitalschiffe für die Nordsee gewachsen. Drei dieser Dampfer sind besonders für diesen Zweck gebaut. Sie sind nach dem Typ der Fischdampfer gebaut, etwa 275 Registertons groß und mit Maschinen von 400 PS versehen. Sie haben einen Arzt und zuweilen einen Missionar an Bord, meistens versieht der Schiffer den Dienst des letzteren. Im Vorderschiff befinden sich das Hospital, die Apotheke, ein Operationszimmer und alle Einrichtungen zur Krankenpflege. Hinten sind die Wohnräume, Bibliothek und ein größerer Raum zur Abhaltung von Gottesdiensten untergebracht. Die Deckseinrichtung entspricht derjenigen der Fischdampfer. Es sind auch Netze an Bord, und wenn die Dampfer sich bei der Flotte befinden und nicht durch ihren Spezialdienst in Anspruch genommen werden, fischen sie. Ereignet sich auf einem Fischerfahrzeug ein Unfall oder tritt die plötzliche Erkrankung eines Mannes der Besatzung ein, so ist das in der Nähe befindliche Hospitalschiff sofort zur Hilfe bereit. Selbst Zahnoperationen führt der Arzt aus. Kann der Patient nicht auf seinem eigenen Fahrzeug behandelt werden, so wird er in das Lazarett des Hospitalschiffes geschafft und eventuell an Land gebracht. In dem Lazarett des Missionsschiffes „Joseph and Sarah Miles" wurden z. B. die bei dem Bombardement des russischen Geschwaders auf die englische Fischerflotte in der Nordsee verwundeten Fischer behandelt.

An den Sonntagen findet auf den Missionsschiffen regelmäßig Gottesdienst statt, der, soweit es die Witterungsverhältnisse gestatten, von den Besatzungen der in der Umgebung befindlichen Fischerfahrzeuge besucht wird. Die Fischer erhalten bei dieser Gelegenheit und auch zu jeder anderen Zeit Medikamente, Lesestoff aus der umfangreichen Bibliothek und können sich aus den an Bord befindlichen Vorräten mit Tabak, wollenen Kleidern und Handschuhen versorgen.

Außer den auf See tätigen Missionsschiffen besitzt die Gesellschaft noch ein altes Stationsschiff im Hafen von Fenit, das während der irischen Makrelenfischerei benutzt wird.

In den hauptsächlichsten Fischereiplätzen werden Häuser für Fischer unterhalten, in denen Kaffee und Erfrischungen verabfolgt werden, dort finden die Fischer während ihres Landaufenthalts einen gemütlichen Aufenthalt. Solche Institute, die dort, wo es sich um Saisonfischereien handelt, nur periodisch geöffnet sind, gibt es in Lerwick, Aberdeen, North Shields, Hull, Grimsby, Yarmouth, Gorleston, Southwold, Folkestone, Newlyn, Brixham, Milford und Padstow.

Eine große und bedeutungsvolle Arbeit treibt die Gesellschaft an der Küste von Labrador und Neufundland. Ein Hospitalschiff und eine größere Zahl kleiner Dampfer sind hier auf See unter den Fischern tätig. An der Küste sind Hospitale in Battle Harbour, Indian Harbour, Harrington, St. Anthony, Forteau, Pilleys-Island und St. Johns, sowie eine Reihe von Hilfsdepots errichtet. Das größte und komfortabelste Haus, das King Georg-Institute in St. Johns, wurde im Dezember 1912 eröffnet. Die gesamte Arbeit von Labrador und Neufundland steht unter der Leitung des Dr. G r e n f e l l, der seit Jahren an der Küste lebt. Sieben Ärzte und eine Anzahl Missionare sind unter der armen Fischerbevölkerung dieser arktischen Region mit großer Aufopferung und vielem Erfolg tätig.

Die Mission fördert mit großem Eifer auch die Abstinenzbewegung unter den Fischern und hat zurzeit über 3500 eingeschriebene Temperenzler. Der Segen dieser Tätigkeit macht sich in auffallender Weise auf manchem Fischerfahrzeug geltend.

Um die Seefischer dauernd in Verbindung zu halten mit den Einrichtungen der Mission und erzieherisch auf sie einzuwirken, sind 1600 freiwillige

Briefschreiber tätig, die mit den auf See Befindlichen korrespondieren.

Eine Übersicht der gesamten Tätigkeit der Mission im Jahre 1911 führt u. a. 13 740 Fälle von ärztlicher Behandlung auf. In der jährlichen Abrechnung für 1912, die mit 33 517 Pfund Sterling balanciert, sind für die Unterhaltung der Missionsschiffe 15 918 Pfund Sterling aufgeführt. In der Einnahme findet sich ein Posten von 10 011 Pfund Sterling für den Verkauf von Fischen. Die Missionsschiffe haben durch eigene Tätigkeit also sehr erheblich zu ihrer Unterhaltung beigetragen. Eine Tatsache, die die größte Beachtung verdient und bei den Erwägungen für ähnliche Einrichtungen auch bei uns eine Rolle spielen kann.

Zurzeit sammelt die Mission die Mittel zur Erbauung eines Hospitalschiffes, das in den Gewässern bei Island stationiert werden soll, die bisher noch unberücksichtigt bleiben mußten. Der Fonds hat bereits eine solche Höhe erreicht, daß auch dort die Arbeit bald aufgenommen werden wird. Die isländische Regierung plant den Bau eines Hospitals auf den Westmanns Inseln, also nahe den Fischplätzen an der Südküste. Dieser Bau soll eine Abteilung für britische Fischer erhalten, wenn England 200 Pfund Sterling beisteuert. Die Mission will den Betrag durch eine Sammlung in den beteiligten Reederkreisen aufbringen.

Über die umfangreiche Tätigkeit der Mission im Interesse der Fischer im einzelnen zu berichten, verbietet der zur Verfügung stehende Raum. Ihre Ärzte und Missionare sind die Freunde und Helfer der Seefischer in allen Lebenslagen und vor allem auch auf See, wo sie sonst niemanden erreichen können. Die Missionsschiffe werden aus den verschiedensten Ursachen besucht. Sei es zur ärztlichen Konsultation, zu religiösen Veranstaltungen, um Lesestoff zu holen, um sich mit Kleidungsstücken zu versehen, um sich Rat in irgendeiner Sache zu holen und um auch nur eine Plauderstunde abzuhalten oder um Unterkunft in dem Hospital zu erlangen.

Nicht selten haben englische Damen Fahrten der Missionsschiffe mitgemacht, um als Helferinnen und Pflegerinnen zu dienen. Wenn sie auch vielfach wegen der eigenen Hilfsbedürftigkeit nicht in Funktion treten konnten, so sind doch der gute Wille und der durch sie auf die Fischer ausgeübte moralische Einfluß nicht zu verkennen. Eine dieser Damen erzählt über ihre Reise mit dem Hospitalschiff, daß die an Bord kommenden Fischer sie als ein Wesen aus einer anderen Welt betrachteten und über ihre Anwesenheit höchst erstaunt waren. Viele zogen sich schleunigst zurück und wuschen sich, ein Luxus, den sich die Besatzungen der Fischerfahrzeuge auf See nicht oft gestatten, da ihr Vorrat an süßem Wasser zum Trinken und Kochen nötig ist. Ein alter Fischerkapitän, der das Missionsschiff besuchte, hatte nur ein Auge. Als er eine Dame gewahrte, ging er schleunigst wieder in sein Boot und war nicht zu bewegen, an Bord zu kommen. Erst am nächsten Tage kam er wieder, und zwar so verändert, daß man ihn kaum wiedererkannte. Er hatte sich nicht nur gewaschen und festlich gekleidet, er hatte auch sogar ein Glasauge eingesetzt.

Als älteste Wohlfahrtseinrichtung in England ist die Shipwrecked Fishermen and Mariners Royal benevolent Society unter dem Protektorat des Königs zu erwähnen. Die Gesellschaft wurde 1839 gegründet. Sie dient nicht nur den Seefischern allein, sondern hilft auch anderen Seeleuten, die durch Unfälle im Beruf zu Schaden gekommen sind. Ihre Hilfe erstreckt sich auf Schiffbrüchige und deren Angehörige, sowie auf alte nicht mehr erwerbsfähige Seeleute. Sie hat etwa 30 000 Mitglieder, die jährlich einen Beitrag von je 3 Schilling zahlen, und erhält sehr bedeutende Zuwendungen aus freiwilligen Beiträgen und Testaten. Im Jahre 1912 wurden 18 000 Pfund Sterling für ihre Zwecke verausgabt.

Mit Rücksicht darauf, daß Gesundheit und Wohlbefinden der Fischer wesentlich abhängig sind von einer guten und zweckmäßigen Ernährung auf See, hat man in England Kochschulen für Fischerjungen eingerichtet. Das Kochen wird an Bord der Fischerfahrzeuge meistens von 14- bis 15jährigen Jungen besorgt. In England gab es 1910 — dies ist das letzte Jahr, über das Informationen zu erhalten waren — 10 solcher Schulen, in denen etwa 200 Jungen im Kochen unterrichtet wurden. In Schottland ist diese Einrichtung noch besser ausgebildet. In 16 schottischen Schulen der Küstenplätze an der Nordsee sind regelmäßige Kochkurse für 12- bis 14jährige Jungen eingerichtet. Der Unterricht wird wöchentlich 1½ bis 2 Stunden erteilt und dauert ein Jahr. Manche Jungen nehmen auch an einem zweiten Kursus teil. Im Jahre 1913 wurden 360 Jungen unterrichtet. Die Ausdehnung dieser Einrichtung, die sich außerordentlich bewährt hat, auf weitere Schulen in Schottland ist in Aussicht genommen.

Zunächst werden auch hier noch ältere Fischer in Abendschulen im Kochen unterrichtet.

Sowohl in England als in Schottland werden Samariterkurse abgehalten. Diese Kurse sind jedoch nicht speziell für Fischer eingerichtet und werden, vielleicht aus diesem Grunde, von letzteren nur schwach besucht. Man ist auch der Ansicht, daß ein stärkerer Besuch nur herbeigeführt werden wird durch eine entsprechende Forderung des Board of Trade, ähnlich der Vorschrift unserer Seeberufsgenossenschaft, daß jeder Fischdampfer einen im Samariterwesen ausgebildeten Mann an Bord haben muß.

Die Abstinenzbewegung wird in fast allen englischen und schottischen Plätzen, von denen aus Seefischerei betrieben wird, außer von der R. M. D. S. F. noch besonders durch lokale Vereinigungen gefördert. Eine sehr wesentliche Unterstützung findet diese Bewegung dadurch, daß in einigen schottischen Schulen wöchentlich eine Unterrichtsstunde über die Wirkungen des Alkohols abgehalten wird und in allen Schulen die älteren Kinder in regelmäßigen Lektionen in der Gesundheitslehre unterrichtet werden. Ein solcher Unterricht für junge Leute, die sofort nach dem Verlassen der Schule in ein Leben hinaustreten, in dem die Aufsicht in bezug auf ihr moralisches Verhalten nur sehr gering sein kann, ist von großer Tragweite und darf als eine bedeutende Wohlfahrtseinrichtung angesehen werden.

Die Wohlfahrtseinrichtungen in der englischen Seefischerei verdienen eine besondere Beachtung. Sie sind aufgebaut auf eine langjährige Erfahrung der Tätigkeit in der größten Fischerflotte der Welt und für andere Nationen, die eine große Seefischerei besitzen, vorbildlich geworden. Sie zeigen auch uns Wege, die bei der Ausdehnung unserer Seefischerei eventuell zu beschreiten sind, obwohl in mancher Beziehung andere Verhältnisse auch andere Maßnahmen bedingen.

In Frankreich haben die Einrichtungen der R. M. D. S. F. schon Nachahmung gefunden. Im Jahre 1894 wurde dort die „Société des Œuvres de Mer" gegründet, die sich nach englischem Vorbild der Fischer annimmt, die auf ihren langen Reisen nach Island und Neufundland bis dahin ohne Hilfe waren. Zwar waren schon in Reykjavik und am Faskrudsfjord auf Island und in St. Pierre-Miquelon auf Neufundland französische Hospitale für Seefischer errichtet, wo Kranke und Verwundete untergebracht werden können, wenn die Fahrzeuge in den Hafen kommen. Da aber die Fischgründe immer noch sehr weit von diesen Plätzen entfernt liegen, so geschieht dies nur in den äußersten Notfällen und kann auch dann nicht immer ausgeführt werden, weil Wind und Wetter es oft unmöglich machen. Wenn an Bord eines Fischerfahrzeuges sich ein Unfall ereignet oder ein Mann ernstlich erkrankt, so ist der Betroffene auf die an Bord befindlichen Mittel angewiesen, die meistens unzureichend sind. Vor allem aber gibt es keine ärztliche Hilfe und die medizinischen Kenntnisse der Schiffer sind sehr begrenzt. Unter welchen hygienischen Verhältnissen ein Kranker an Bord eines Fischerfahrzeuges behandelt werden kann, ist leicht begreiflich. Er muß in demselben nicht sehr großen Raume untergebracht werden, in dem die übrige, bei Tag und Nacht harte Arbeit verrichtende Besatzung lebt, ißt und trinkt. In einem engen Bett verursacht ihm die rollende Bewegung des Schiffes die größten Schmerzen. Seine Kameraden, die schon für ihn mitarbeiten müssen, haben natürlich nicht die Zeit, sich sonderlich um seine Pflege zu kümmern. In der Tat ist der auf See ernstlich erkrankte oder verwundete Seefischer in der denkbar hilfsbedürftigsten Lage. Außerdem waren die monatelang unter Island oder Neufundland tätigen Fischer während der Saison von ihrer Heimat gänzlich abgeschnitten.

Diese Zustände gaben in Frankreich die Veranlassung zur Ausrüstung eines Hospitalschiffes, das den etwa 18 000 Seefischern helfen soll, von denen etwa 10 000 bei Neufundland, 5000 bei Island und 3000 in der

Nordsee tätig sind. Man sah es als eine Pflicht der Menschlichkeit an, diesen Landeskindern beizustehen. Nicht mit Unrecht wies man bei der Gründung der Société des Euvres de Mer darauf hin, daß es sich um eine nationale Tat handle, wenn man den Seefischern, die in ihrem Beruf zu dem besten Ersatz für die Kriegsmarine erzogen werden, ihr Leben zu erleichtern suche und ihnen in schwierigen Lagen beistehe.

Die französische Mission hebt in ihrem Statut besonders hervor, daß sie auch den Angehörigen aller anderen Nationen nach Möglichkeit Hilfe leisten will. Einer großen Zahl amerikanischer, englischer und portugiesischer Fischer ist auf den Neufundlandbänken durch den Arzt des französischen Hospitalschiffes Hilfe gebracht worden. Die Tätigkeit findet auch volle Anerkennung in den Berichten der britischen und amerikanischen Konsuln in St. Pierre Miquelon.

Die tägliche Arbeit des Missionsschiffes in der französischen Fischerflotte auf der Neufundlandbank ist außerordentlich vielseitig. Außer der ärztlichen Hilfe auf den Fahrzeugen werden diese desinfiziert, was bei der Art der Fischerei für die Erhaltung der Gesundheit der Mannschaften und für die Ladung häufig nötig ist. Die von ihren Fahrzeugen vertriebenen „Dories", kleine Boote, mit denen die Angelfischerei betrieben wird, werden geborgen und zurückgebracht, in Gefahr befindliche Fahrzeuge werden in Schlepptau genommen. An Bord befindet sich frischer Proviant, der den Fischern überlassen wird, um Skorbutepidemien zu verhüten. Kranke werden an Bord genommen und an Land in das Hospital, dort Geheilte wieder auf ihre Schiffe gebracht. Auch der Postverkehr wird besorgt. Die praktische Betätigung hat bald gezeigt, wo und welche Hilfe am meisten nötig ist.

Bis zum Jahre 1911 hatte die Gesellschaft nur ein Schiff zur Verfügung — die „St. François d'Assice". Dieses Schiff verließ am 15. März Frankreich, um zuerst Island und dann Neufundland zu besuchen und von dort mit dem letzten Fischerfahrzeug zurückzukehren. Es wurde von den Fischern bei Island als ein großer Mangel empfunden, wenn das Hospitalschiff sie verlassen mußte, und auf der anderen Seite warteten die Neufundlandfischer mit Sehnsucht auf dessen Erscheinen in ihrer Mitte. Im Jahre 1911 wurde es der Gesellschaft durch eine liberale Schenkung möglich, ein zweites Schiff, die „Notre Dame de la Mer", speziell für Island in den Dienst zu stellen. Dieses Schiff besucht dann auf seiner Rückreise von Island die französischen Heringsfischer in der Nordsee.

In St. Pierre Miquelon und Faskrudsfjord auf Island unterhält die Gesellschaft „Heime", die den Fischern ausgezeichnete Dienste leisten. In diesen Heimen werden als Getränke Kakao und Tee unentgeltlich verabfolgt. Der moralische Einfluß ihrer Tätigkeit ist außerordentlich groß. In den Exzessen, die in der Trunkenheit ausgeübt werden, und in der Zahl der Unfälle ist seit ihrer Existenz eine erhebliche Abnahme festgestellt. Seit 1907 ist kein betrunkener Mann in den Hafen gefallen, wie es vorher sehr häufig vorkam.

Ebenso wie England und Frankreich unterstützt und hilft auch H o l l a n d seinen auf See lebenden Fischern durch Hospital- und Kirchenschiffe. Schon im 18. Jahrhundert rüstete Holland sogenannte Begleitschiffe aus, zu deren Unterhaltungskosten die Regierung und die Reeder beitrugen, die mit der Flotte der Heringsfischer in See gingen und sich dauernd bei ihr aufhielten. Diese Schiffe hatten einen Arzt, Krankenpfleger, Arznei- und Proviantvorräte, sowie Fischer an Bord, die für Erkrankte zur Ablösung auf die betreffenden Fahrzeuge geschickt wurden. Diese für die holländische Fischerei segensreiche Einrichtung ging zu Anfang des vorigen Jahrhunderts ein, und es vergingen Jahrzehnte, bis man von neuem den Entschluß faßte, für die Wohlfahrt der Seefischer etwas zu tun. Im Jahre 1898 wurde unter dem Protektorat der Königin-Mutter die „Nederlandsche Vereeniging ten behoeve van Zeelieden van elke Nationaliteit" gegründet. Unter der eifrigsten Mitwirkung vieler hochstehender und angesehener Damen wurden die Mittel zur Indienststellung eines Hospital- und Kirchenschiffes in verhältnismäßig kurzer Zeit zusammengebracht. Die Damenkomitees sammelten allein 35 700 M. Sie betätigen sich in der gleichen Weise auch heute noch. Es wurde ein geeignetes Segelschiff angekauft und für die beabsichtigten Zwecke umgebaut.

Am 17. Juni 1899 ging das Hospitalschiff „De Hoop" in See und schon im ersten Sommer seiner Tätigkeit behandelte der an Bord befindliche Arzt 99 Krankheitsfälle, davon 11 an Bord des Hospitalschiffes, die übrigen auf ihren eignen Fahrzeugen. Die längste Behandlungsdauer an Bord des Hospitalschiffes betrug 39, die kürzeste 3 Tage. Kranke an Bord der Fischerfahrzeuge wurden 102mal von dem Arzt besucht. Nach dem Tätigkeitsbericht verdanken verschiedene Leute der ärztlichen Hilfe die Erhaltung ihres Lebens. Die Unterhaltung des Hospitalschiffes kostet jährlich etwa 20 000 M., eine Summe, die auch den englischen und französischen Erfahrungen entspricht. Die Mittel für die Indiensthaltung des Schiffes werden zum größten Teile durch milde Gaben aufgebracht, doch haben holländische Reedereien sich zu freiwilligen Beiträgen von 10 Gulden für jedes ihrer Fahrzeuge bereit gefunden. Etwaige Fehlbeträge deckt der Staat, nur den Geistlichen hat die Gesellschaft unter allen Umständen selbst zu bezahlen. Die außerordentlich segensreiche Tätigkeit des Hospitalschiffes hatte bald das Bedürfnis für ein zweites, den Anforderungen besser entsprechendes Schiff hervortreten lassen, denn die Inanspruchnahme steigerte sich von Jahr zu Jahr. Im Jahre 1901 wurden 144 Krankheitsfälle, davon 62 innere Krankheiten und 73 äußere Verletzungen behandelt. Der Jahresbericht der Gesellschaft für 1912 weist 281 behandelte Kranke nach. In jedem Jahre ist auch in steigendem Maße den deutschen Heringsfischern durch das Hospitalschiff ärztliche Hilfe gebracht worden. Schon im Gründungsjahr 1899 wurden auf der „De Hoop" 14 deutsche Fischer ärztlich behandelt, und 1912 betrug diese Zahl 41. Im Juli 1913 wurden allein 6 Fälle von Erkrankungen deutscher Fischer auf der „De Hoop" behandelt. Die deutschen Heringsfischereigesellschaften haben die ihren Mannschaften auf See geleisteten Dienste gerne und hoch anerkannt und vielfach Beiträge für das holländische Hospitalschiff geleistet.

Angesichts der großen Erfolge der Tätigkeit des Hospitalschiffes und dank der eifrigen Arbeit der Vereinigung gelang es im Jahre 1912, ein zweites Hospitalschiff in Dienst zu stellen (vgl. Abb. 1 bis 3). Bei dem älteren Schiff hatte es sich oft als ein Mangel herausgestellt, daß es in seiner Bewegung lediglich vom Wind abhängig war. Das neue Schiff wurde mit einem Motor ausgerüstet, der es in die Lage bringt, viel mehr Fischerfahrzeuge zu besuchen und seine Tätigkeit weit mehr auszudehnen. Dieses zweite Schiff, ein schmucker weißer Schuner, ist in der Fischerflotte in der Nordsee eine von den Fischern stets freudig begrüßte Erscheinung. Außer dem Arzt befindet sich auch ein holländischer Geistlicher an Bord, der, so oft es die Verhältnisse gestatten, Gottesdienste und Ansprachen abhält, sowie die Kranken auch auf den Fischerfahrzeugen besucht. Die Einrichtung der Hospitalschiffe ist ähnlich derjenigen der englischen Schiffe, die auch als Vorbild gedient haben, doch hat man in Holland von der Benutzung eines Dampfers und von der Ausrüstung mit Fischereigeräten abgesehen. Da das holländische Hospitalschiff lediglich in der zur Hauptsache aus Segelschiffen bestehenden Heringsflotte tätig ist, die englischen Schiffe aber auch vor allem die mit dem Grundschleppnetz fischenden Dampfer und Segelfahrzeuge auf See aufsuchen, so entspricht diese Abweichung der Anpassung an die verschiedenen Betriebsarten. Unter geschickter Ausnutzung des Raumes sind die inneren Einrichtungen in der zweckentsprechendsten Weise getroffen.

Ein verhältnismäßig großer Raum mit acht Betten und allen Einrichtungen eines Lazaretts ist für die Kranken bestimmt. Ein Raum zur Isolierung von Patienten mit ansteckenden Krankheiten ist besonders vorgesehen. Solche Kranke werden so schnell als möglich in ein Krankenhaus gebracht. Die Kammer des Arztes, eine Badekammer und Apotheke schließen sich dem Lazarett an. Im Gegensatz zu den englischen Missionsschiffen haben die holländischen keine Bekleidungsstücke und Genußmittel, auch keinen Tabak zur Abgabe an die Fischer an Bord. Alle von ihnen gebrachte Hilfe ist unentgeltlich, und wenn ausnahmsweise Proviant an Schiffe abgegeben wird, so geschieht das in derselben Weise. Das neue Hospitalschiff hat sich seiner Aufgabe in jeder Weise gewachsen gezeigt.

Auf eigenartige Weise gelangte der Fischereihafen von Ymuiden zu einer Wohlfahrtseinrichtung am Lande. Nach seiner Eröffnung wurde der Hafen sehr lebhaft von englischen Fischdampfern besucht. Dieser Umstand gab der „Royal National Mission to Deep Sea Fishermen" Veranlassung, dort ein Teehaus für die Seefischer zu errichten, die in dem kleinen Dorfe keine andere Unterkunft als einige Kneipen fanden und, durch die gegenüber englischen Verhältnissen sehr niedrigen

Abbild. 1. Das holländische Hospitalschiff „De Hoop".

Preise alkoholischer Getränke, zum Trinken verleitet wurden. Zur Verwaltung dieses Teehauses kam Miß Edith Woodmann nach Ymuiden. Diese Dame hat den Seefischern ihr Leben geweiht. Sie hat viele Fahrten auf Segelfahrzeugen und Fischdampfern mitgemacht und kannte die Fischerei und das Leben der Fischer auf See und am Lande sehr genau. Als Mutter der Fischer wurde sie bald unter ihnen bekannt. Für sie als Dame ihrer Herkunft und Bildung nach war es eine menschlich große Tat, viele Jahre unter Entbehrungen aller Art unter den und nur für die Seefischer zu leben. Auch als im Jahre 1905 das Seemannshaus von der holländischen Vereeniging „Zeemansrust" übernommen wurde, nachdem der Besuch englischer Fischer abgenommen und die Zahl der holländischen Fischdampfer gewachsen war, blieb Miß Woodmann in ihrer Stellung. Der Besuch des Hauses hat von Jahr zu Jahr zugenommen und betrug im Jahre 1912 etwa 50 000 Mann. Die Unterhaltung des Heims wird durch freiwillige Gaben gedeckt, zu denen auch die Königin-Mutter beiträgt.

In den bisher erwähnten Ländern wird die Seefischerei meistens auf weit von der Küste entlegenen Fanggründen betrieben, und die Fischerfahrzeuge bleiben längere Zeit dem Heimatshafen fern. Das Leben der Fischer spielt sich also zum größten Teile auf See ab. Will man ihnen helfen und beistehen, so muß man ihnen folgen, und dazu bedarf es besonderer Schiffe. In S c h o t t l a n d, wo der Betrieb der Heringsfischerei die Hauptrolle spielt, bei dem die Fischer nur kurze Zeit auf See sind, haben sich die bereits erwähnten Wohlfahrtseinrichtungen am Lande als wichtiger erwiesen. Andere Verhältnisse bedingen andere Maßnahmen. So gibt es auch bei den großen Fischereibetrieben in D ä n e m a r k und N o r w e g e n, die sich ebenfalls in der Küstennähe abspielen, keine Hospitalschiffe. Soweit es sich um den Beistand verunglückter Fischer, ihrer Angehörigen und Hinterbliebenen handelt, so bestehen dafür Vereinigungen und Kassen, die aus Staatsmitteln unterstützt und teilweise durch amtliche Organe verwaltet oder beaufsichtigt werden. Die Versicherung bei diesen Kassen ist meistens eine freiwillige, doch besteht in Norwegen

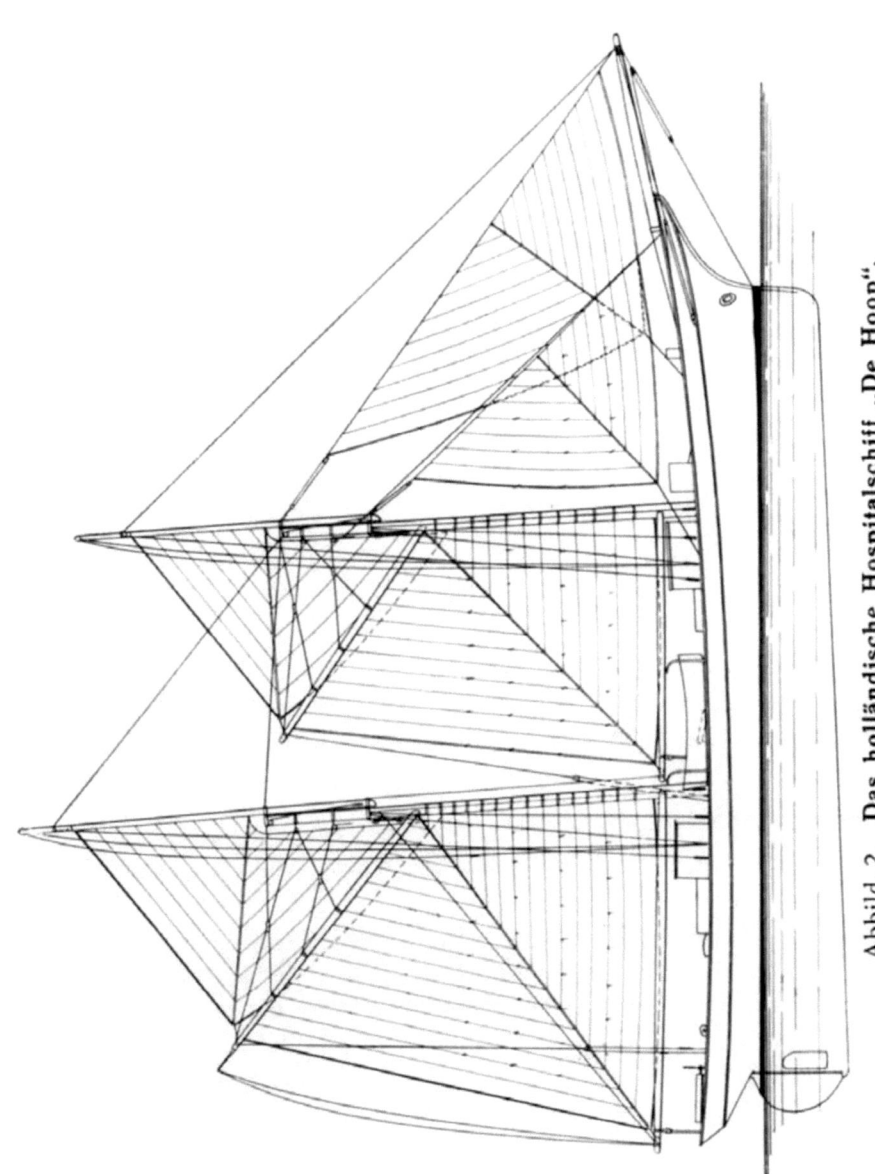

Abbild. 2. Das holländische Hospitalschiff „De Hoop".

eine zwangsweise Unfallversicherung aller Seefischer und Fangsleute (Wal- und Seehundsjäger), die 1908 gesetzlich eingeführt und 1911 durch zusätzliche Bestimmungen ergänzt ist. Zweck dieser Versicherung ist die Unterstützung der Versicherten oder ihrer Hinterbliebenen bei Todesfällen oder Schädigungen durch Unglücksfälle im Fischereibetriebe. Bei Todesfällen oder vollständiger Erwerbsunfähigkeit infolge eines Unglücksfalles ist eine einmalige Zahlung von 1000 Kr. vorgesehen. Stirbt der Verunglückte innerhalb eines Jahres nach dem Unfall, so erhalten seine Hinterbliebenen dieselbe Summe. Bei teilweiser Herabsetzung der Arbeitsfähigkeit wird der Betrag entsprechend gekürzt. An Beiträgen für diese Versicherung leistet der Staat aus dem Fonds für Seefischerei jährlich 110 000 Kr. und die Kommunen zahlen für jeden Fischer oder Fangsmann ihres Bezirks 1,50 Kr. pro Jahr. Der Beitrag wird von dem Versicherten eingezogen. Es steht dem Fischer außerdem aber frei, die Versicherungssumme durch freiwillige Beiträge zu erhöhen. Zahlt er eine Zusatzprämie von 1,40 Kr. pro Jahr, so beträgt die Grundsumme für den Todesfall 1400 Kr. und bei 2,80 Kr. Zusatzprämie 1800 Kr. Diese Summen gelten dann auch bei der Berechnung für Entschädigungen bei teilweiser Erwerbsunfähigkeit als Grundlage.

Die Fürsorge für die Seefischer in den beiden genannten Ländern erstreckt sich auch namentlich auf Einrichtungen, die zur Verhütung von Unfällen beitragen. Das sind Schulen, in denen den Fischern der für ihren Beruf notwendige navigatorische und sonstige theoretische Unterricht unentgeltlich oder gegen eine sehr geringe Gebühr erteilt wird. In Dänemark gibt es drei solcher Schulen, die nur Navigationsunterricht erteilen, und eine sogenannte Fischerhochschule, die

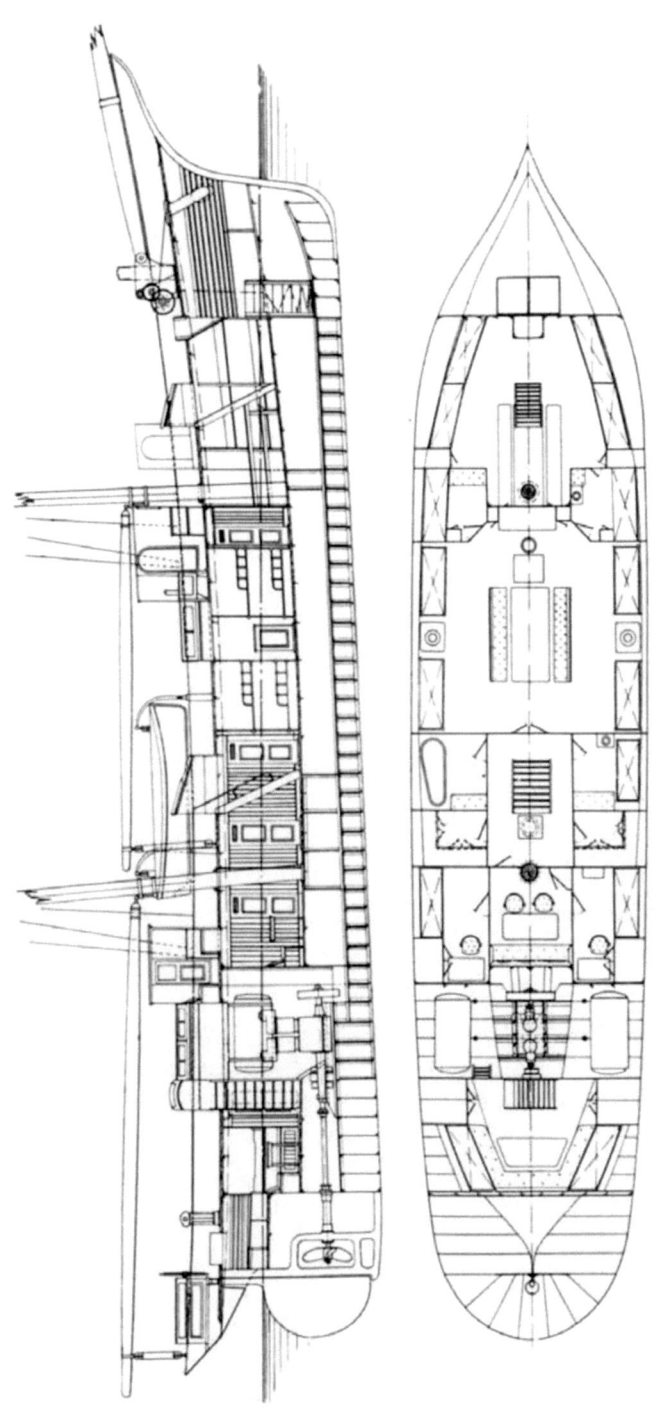

Abbild. 3. Das holländische Hospitalschiff „De Hoop".

neben den navigatorischen Fächern eine allgemeine und besondere Fachbildung vermittelt. Die Schüler werden in Naturgeschichte, Motorlehre usw. unterrichtet und hören belehrende Vorträge, die das Gebiet ihrer Tätigkeit berühren.

In Norwegen wird der Unterricht zum Teil durch staatliche Wanderlehrer erteilt, um den in kleinen entlegenen Orten wohnenden Fischern Gelegenheit zu geben, sich zu beteiligen. Der Erfolg dieser Einrichtungen ist für die Seefischer jener Länder außerordentlich segensreich.

Von besonderer Wichtigkeit für die vielfach mit kleinen Fahrzeugen und Booten ausgeübten Fischereien ist das Rettungswesen an den Küsten. An der flachen und vielfach durch vorgelagerte Sandbänke für die Ansegelung durch kleine Fahrzeuge besonders gefährlichen Westküste Dänemarks bestehen neben 45 mit Rettungsbooten und Raketenapparaten ausgerüsteten Rettungsstationen noch Gefahrsignalstationen an 28 Punkten der Küste, und zwar bei Hirthals, Tornby Strand, Lønstrup, Løkken, Lild Strand, Baon, Hanstholmen, Klitmøller, Vangsaer, Vorupør, Stenbjerg, Lyngby Agger, Thyborøn, Knopper, Langerhuse, Vrist, Vylby, Faerring, Fjaltring, Thorsminde, Fjand, Søndervig, Klegod, Nørre, Lyngrig, Aargab, Bjerregaard und Ngnimdegal. Diese Stationen warnen durch Signale die in See befindlichen Fischer, wenn die See für sie in gefährlicher Weise wächst, und geben ihnen die Stellen an, wo eine Landung möglich erscheint, oder zeigen, im Falle eine Landung nicht mehr ausführbar ist, an, daß das Rettungsboot ausläuft. Am Thyborøn-Kanal sind lediglich für die Fischerei zwei Rettungsdampfer von 160 und 170 Tons mit Maschinen von 450 bis 500 PS stationiert, die, mit allen für ihre Bestimmung notwendigen Einrichtungen versehen, für die Sicherheit der Seefischer von großer Bedeutung und stets zur Hilfeleistung bereit sind.

In Norwegen ist das Rettungswesen durch die Norwegische Gesellschaft zur Rettung Schiffbrüchiger unter dem Protektorat des Königs mit ganz besonderer Berücksichtigung der Seefischerei sehr gut ausgebildet. Überall an der Küste, wo Fischerfahrzeuge dauernd ihrem Erwerb nachgehen, und dort, wo sie sich periodisch in großer Anzahl versammeln, sind ständig oder für die Dauer der Fangsaison Rettungsboote stationiert. Diese Boote folgen zum Teil der Fischerflotte und halten sich während der Fischerei bei ihnen auf, um jederzeit zur Hilfe bereit zu sein. Besonders bei der Lofotenfischerei und den Betrieben im Nordland, die in den stürmischen Wintermonaten stattfinden und bei der oft eine große Anzahl offener Boote in See von plötzlich einsetzenden schweren Stürmen überrascht wird, leisten die Rettungsboote Hervorragendes. Norwegen besitzt 23 an der Küste verteilte Rettungsboote, die ihrem Dienst in der Seefischerei obliegen und ihre Stationen je nach dem Zug der Fischerfahrzeuge wechseln. Das vorzüglich organisierte Nachrichtenwesen in Norwegen macht es den Fischern möglich, sich der Wanderung der Fische anzupassen und die günstigsten Fangstellen auszunutzen. Ihnen folgen nicht nur die Rettungsboote, sondern man trägt auch Sorge, daß sie am Lande an den Stellen, die ihnen jeweilig als Zufluchts- bzw. Absatzorte für ihren Fang dienen, möglichst alle notwendige Hilfe finden. So werden Ärzte und Apotheker an die bedeutenden Fischereiplätze gesandt, die nur zeitweilig bewohnt sind, und während einer langen Zeit des Jahres als ausgestorbene Dörfer erscheinen. Die norwegische innere Seemannsmission paßt sich ebenfalls diesen Verhältnissen an. Von den 15 Fischerheimen sind nur vier ständig geöffnet. Die übrigen elf sind während der Fischsaison an verschiedenen Plätzen auf den Lofoten und in Finmarken in teils der Gesellschaft gehörigen, teils gemieteten Häusern in Tätigkeit. Ein stationäres Missionsschiff wird in gleicher Weise benutzt. Da die norwegische Gesetzgebung den Ausschank von alkoholischen Getränken in öffentlichen Gasthäusern in diesen Bezirken verbietet, so sind die Fischerheime die Sammelpunkte der an Land befindlichen Fischer. Sie verabfolgen nur alkoholfreie Erfrischungsgetränke. In Krankheitsfällen haben sie Helfer zur Hand, die zur Pflege gestellt werden. Ein Lese- und Schreibzimmer steht den Besuchern zur Verfügung.

In erster Linie als ein Mittel zur Förderung der Fischerei, sicherlich aber auch als eine Wohlfahrtseinrichtung für die Fischer, sind die in Norwegen aus Staatsmitteln bereitgestellten Seefischereifonds zu bezeichnen. Es bestehen zurzeit der ältere Seefischereifonds mit 1 100 000 Kr., der neue Fischereifonds mit 900 000 Kr. und der Finmarkenfonds mit 200 000 Kr. Das kleine Norwegen stellt also in seinem Staatsbudget nicht weniger als 2,2 Millionen Kronen für die Seefischerei bereit. Aus dem Fonds werden den Fischern Darlehen zur Anschaffung und Ausrüstung von Fischerfahrzeugen gewährt. Auch arme, aber tüchtige und strebsame Fischer werden durch diese Einrichtung in die Lage gesetzt, ohne in ein für sie drückendes Abhängigkeitsverhältnis zu privaten Geldgebern zu geraten, die meistens gleichzeitig die Abnehmer ihrer Fänge sind, ihr Brot zu verdienen und für Familie und Alter zu sorgen. Durch diese Fonds ist nicht nur die norwegische Fischerei außerordentlich gefördert worden, sondern sie haben auch für die Wohlfahrt der Fischer eine sehr segensreiche Wirkung gehabt und viel dazu beigetragen, einen

Stamm selbständiger Gewerbetreibender zu erhalten und zu vermehren.

Auch in A m e r i k a , wo es bis jetzt in der großen Seefischerei Fürsorgeeinrichtungen nicht gab, ist man jetzt bemüht, die Mittel für die Erbauung von Lazarettschiffen aufzubringen.

In D e u t s c h l a n d ist die Seefischerei ein verhältnismäßig junges und schnell zu einer ansehnlichen Größe aufgeblühtes Gewerbe. Es ist daher auch erklärlich, daß die Wohlfahrtseinrichtungen in ihrem Bereiche noch nicht in der gleichen Weise wie zum Teil in anderen Ländern ausgebildet sind. Ein zweiter Grund für die beschränkte Betätigung freiwilliger Wohltätigkeit in der Seefischerei ist in der weitgehenden deutschen Fürsorgegesetzgebung zu suchen. Mit Recht kann man die See-Berufsgenossenschaft mit ihrer Versicherungsanstalt, der die Ausführung der Bestimmungen des Seeunfallversicherungsgesetzes, sowie der Invaliditäts-, Alters- und Hinterbliebenenversorgung obliegt, die größte Wohlfahrtseinrichtung für die deutsche Seefischerei nennen.

Nachdem die Gesetzgebung jetzt alle Seefischereibetriebe umfaßt und nicht nur für Verunglückte durch Heilverfahren, Unfallrente und Sterbegeld gesorgt ist, sondern auch die Hinterbliebenen verstorbener und die Angehörigen erkrankter Seefischer einen Anspruch auf Rente haben, ist an sozialer Fürsorge das Möglichste geleistet. Diese Fürsorge für unsere Seefischer auf gesetzlicher Grundlage überragt bei weitem alle Einrichtungen ähnlicher Art in anderen Ländern. Die Leistungen der See-Berufsgenossenschaft in bezug auf die Unfallverhütung, die Fürsorge für Verunglückte und ihre Angehörigen, sowie für Invaliden und Altersschwache werden weder in sachlicher noch pekuniärer Hinsicht von irgendeinem anderen Wohlfahrtsinstitut erreicht. Es ist hier nicht der Ort, auf ihre vorzügliche Organisation und Leitung näher einzugehen, doch darf nicht unerwähnt bleiben, daß sie sich in der Seefischerei des größten Vertrauens erfreut und ihre segensreiche vielseitige Tätigkeit dankbar anerkannt wird.

Nachdem die deutschen Fischdampfer ihre Fangreisen bis an die Küsten Islands ausdehnen und besonders im Winter in diesem unwirtlichen und gefährlichen Meeresteil ihrem Beruf nachgehen, sind eine Reihe von Strandungen vorgekommen, die zum Teil mit schweren Verlusten an Menschenleben verbunden waren. Nicht nur fanden die Besatzungen ihren Tod in den Wellen, vielmehr brachten Kälte und Hunger denjenigen, die das Land erreichten, in den Wasser- und Eiswüsten an der Südküste der Insel Verderben. Auf den Wanderungen von der Strandungsstelle bis zu menschlichen Wohnungen müssen die Schiffbrüchigen weite, von tiefen, reißenden Wasserläufen, die teilweise mit Eis bedeckt sind, durchzogene, öde, sumpfige Gegenden passieren. Elf Tage irrte die Besatzung des Fischdampfers „Friedrich Albert" in dieser Sumpfwüste umher. Drei Leute starben an Entbehrungen und Kälte, und die übrigen trugen mehr oder weniger schwere Frostschäden davon. Einem mußten beide Beine, drei anderen die Füße amputiert werden. Dieser Vorfall gab dem deutschen Konsul Thomson in Reykjavik Veranlassung, auf seine Kosten und nach seinen Angaben an einer geeigneten Stelle der Medalland-Bucht im Jahre 1905 eine Schutzhütte zu errichten. Schon im Februar 1906 wurde diese Hütte die Rettung der Besatzung des Fischdampfers „Württemberg", der ebenfalls an der Küste gestrandet war. Die menschenfreundliche und opferwillige Gesinnung des Konsuls Thomson fand eine schöne Belohnung, als er die durch seine Schutzhütte geretteten Seefischer in Reykjavik wohlbehalten begrüßen konnte.

Die Schutzhütte steht 500 m vom Strande auf einem Hügel des Skeidararsand. Sie enthält Schlafstellen für 14 Mann, ausreichenden Proviant, einen Ofen und ein Segeltuchboot, das leicht zu transportieren ist und zur Überschreitung der stark strömenden Wasserläufe in der Sumpfwüste dient. Wollene Decken, Küchengeräte, eine wohlausgestattete Medizinkiste, Zimmerwerkzeuge, Tauwerk sowie eine Karte der Umgebung und ein Kompaß zur Benutzung bei der Wanderung zu den nächsten Wohnstätten vervollständigen die in allen Teilen wohldurchdachte und zweckmäßige Ausrüstung. Wenn auch der deutsche Seefischerei-Verein den Besatzungen der Fischdampfer eine Beschreibung der Schutzhütte und der Wege, auf denen sie am besten zu erreichen ist, nebst einer Karte, mitgab, so stellten sich doch bei ihrer Aufsuchung große Schwierigkeiten und vor allem eine gefährliche Unsicherheit der Schiffbrüchigen bezüglich der eingeschlagenen Wege ein. Um den hiermit verbundenen Gefahren zu begegnen, hat Konsul Thomson Wegweiser aufstellen lassen, die den Schiffbrüchigen den nächsten und sichersten Weg zur Schutzhütte und von dieser zu den nächstgelegenen Bauernhöfen anzeigen.

Neuerdings hat man, einer Anregung von englischer Seite folgend, eine zweite Schutzhütte für Schiffbrüchige auf Mafabot Sand errichtet. Der Deutsche Seefischerei-Verein, die See-Berufsgenossenschaft, die deutschen Fischdampferreeder u. a. haben diese Arbeit durch Hergabe von Mitteln unterstützt. Die Ausführung des Projektes ist durch ein englisches Komitee im Einvernehmen mit dem Deutschen Seefischerei-Verein bewerkstelligt. Für die Seefischer an der isländischen Küste wurde mit dieser Schutzhütte eine weitere wichtige Zufluchtsstätte geschaffen, die ihnen in Not und Lebensgefahr große Dienste leisten wird. Der Deutsche Seefischerei-Verein bemüht sich ferner, für die deutschen Seefischer in dem auf den Westmanns-Inseln zu errichtenden Hospital geeignete Vorkehrungen zu erreichen. Er wird einen Zuschuß zu dem Bau leisten und die Bedingung stellen, daß Deutsch sprechende Schwestern oder Ärzte vorhanden sind.

Auf diese Weise wird auch für die in ihrem Beruf fern von der Heimat verunglückten oder erkrankten Fischer nach Möglichkeit gesorgt, wenn sie gezwungen sind, auf Island Hilfe und Rettung zu suchen.

In den heimatlichen Fischereihäfen hat sich vor allem die deutsche Seemannsmission der Seefischerei angenommen. Sie begann ihre Tätigkeit in Geestemünde, als im Jahre 1896 der neue Fischereihafen in Betrieb genommen wurde.

Dank der Unterstützung ihrer Bestrebungen durch die zuständigen Behörden, besonders des damaligen Landrats Dr. Dyes, gelang es, in dem Wirtschaftsgebäude am Fischereihafen ein Seemannsheim einzurichten, das den dort verkehrenden Seefischern, wenn sie an Land sind, als Aufenthaltsort und Logierhaus dient. Mit dem Heim wurde ein Stellenvermittlungsbureau, sogenanntes Heuerbureau, verbunden, um den Seefischern die Stellen auf den Fischerfahrzeugen zu vermitteln und sie von privaten Stellenvermittlern unabhängig zu machen. Die Fischer wurden damals durch die Heuerbase ausgebeutet, auch übten diese in moralischer Beziehung einen verderblichen Einfluß auf sie aus. Inzwischen ist das Heim zu klein geworden. Mit einem Kostenaufwand von 156 000 Mark ist ein neues großes Heim erbaut, das allen Anforderungen gerecht wird.

In Altona und Nordenham sind sogenannte Fischerstuben eingerichtet, die den an Land befindlichen Fischern als Aufenthalt zur Verfügung stehen.

Als im Jahre 1908 der Seefischmarkt in Cuxhaven eröffnet wurde, gelang es dank des Interesses des Hamburger Bürgermeisters William O'Swald, auch hier ein Seemannsheim ins Leben zu rufen, das, nach Art des Geestemünder Heims eingerichtet, sich inzwischen gut entwickelt hat. (Abb. 4 und 5.) Durch diese Heime wird den Seefischern das eigene Heim, von dem sie ihr Beruf fernhält, soweit als möglich ersetzt. Über die jüngeren wachen der Hausvater und die Hausmutter und suchen moralisch auf sie einzuwirken. Sie finden bei ihnen elterlichen Rat und Beistand. Den Komitees der Seemannsmission, die sich der Verwaltung der Heime widmen, gehören auch Beamte aus verschiedenen Verwaltungen an, die bereitwilligst den älteren Seefischern in allen Lebenslagen mit ihrem Rat zur Seite stehen. In dem angeschlossenen Heuer-

Abbild. 4. **Seemannsheim in Cuxhaven.**

bureau werden ihnen Stellen nachgewiesen. Die seelsorgerische Tätigkeit wird von Seemannspastoren evangelischer Konfession ausgeübt, doch stehen die Heime den Angehörigen aller Konfessionen gleichmäßig offen. Lese-, Schreib- und Spielzimmer sind vorhanden, die zwanglos von allen Seefischern benutzt werden können. Billige, sauber gehaltene Logierzimmer stehen denen zur Verfügung, die sich an Land aufhalten, um sich zu erholen oder sich eine Stelle zu verschaffen. Bibliotheken, aus denen die Bücher auch zum Mitnehmen an Bord verliehen werden, sind eine viel benutzte Einrichtung. Im Laufe des Winters veranstaltet der Deutsche Seefischerei-Verein in den Seemannsheimen in Geestemünde und Cuxhaven Vorträge über Themata aus denjenigen Gebieten, die die Fischer interessieren oder mit ihrem Beruf zusammenhängen. So über die Seegesetzgebung, die Seeunfall-, Invaliditäts- und Altersversorgungs-Gesetze, über ausländische Fischereien, Rettungswesen, Signal- und Sturmwarnungswesen, Bordhygiene u. a. m. Ebenso wird durch einen Arzt ein Samariterkursus abgehalten, in dem die Fischer über die erste Hilfeleistung bei Unglücksfällen unterrichtet werden. Die Vorträge werden fleißig besucht (vgl. Abb. 6 u. 7), und da sie sich in der Zeit dem Fischereibetriebe anpassen, bieten sie den Fischern eine ausgezeichnete Gelegenheit, ihren Gesichtskreis zu erweitern. Außer den Vorträgen werden von den Seemannspastoren Unterhaltungs- und Bibelabende und an den Sonntagen Gottesdienste abgehalten.

Der Besuch aller Veranstaltungen ist durchaus freiwillig, wer sich nicht beteiligen will, kann sich in den übrigen Räumen des Heims aufhalten. Wertvoll ist die Gelegenheit zur Einwirkung der Vortragenden auf die Fischer, und ich kann aus langjähriger eigener Erfahrung berichten, daß viel Gutes erreicht werden kann. Viele Beweise der Dankbarkeit zeugen davon, daß unsere Seefischer es anzuerkennen wissen, wenn man sich um sie bemüht. Der junge Seefischer ist weder gezwungen, wie ein Lehrling an Land, sich weiterzubilden, noch hat er Gelegenheit, dies in seinem Berufe freiwillig zu tun, wenn

Abbild. 5. **Seemannsheim in Cuxhaven:** Lesezimmer.

nicht im Seemannsheim dafür gesorgt wird. Seine Freizeit am Lande muß er in den Kneipen zubringen und sein Bildungsmittel ist günstigen Falles das Kinotheater. Dabei gerät er in Schulden und eignet sich eine ganz bestimmt gefärbte Lebensauffassung an, weil er nie andere und objektive Darstellungen hört. Bei einer solchen Erziehung muß jedes Streben nach Vervollkommnung erstickt werden; nur momentane materielle Ziele beherrschen das Leben und erzeugen Unzufriedenheit. Dieser Schädigung unserer Seefischer, denen im

Grunde der Trieb nach Selbständigkeit innewohnt, kann man mit gutem Erfolge dadurch entgegentreten, daß man sie an sich heranzieht und belehrt. Allerdings muß der Eindruck jeden Zwanges sorgfältig vermieden werden.

Wie innerlich religiös unsere Fischer sind, davon zeugt der lebhafte Besuch der in den Seemannsheimen veranstalteten Weihnachtsfeiern.

Die Beamten des Heuerbureaus haben nicht nur die Aufgabe, als unparteiische und an einem Stellenwechsel nicht interessierte Vermittler zu wirken, sondern auch sie wirken moralisch auf die Seefischer ein, indem sie sie zur Nüchternheit, Seßhaftigkeit und Sparsamkeit anhalten. Bei der Auszahlung der Heuer wird darauf gehalten, daß ein Teil entweder an die Angehörigen gesandt, bei der Sparkasse belegt oder dem Seemannsheim in Verwahrung gegeben wird. Diese Arbeit hat einen großen Segen gebracht. In Cuxhaven wurden in der kurzen Zeit von 5 Jahren 200 000 Mark Seemannslöhne gesichert oder den Angehörigen durch das Heim übermittelt. Ohne die Tätigkeit der Seemannsheime würde der weitaus größte Teil dieser schwer verdienten Summen den Erwerbern und den Ihren nicht zugute gekommen sein.

Im Seemannsheim zu Cuxhaven, das sehr oft Schiffbrüchigen die erste Unterkunft bietet, wenn sie von den Fischdampfern an Land gebracht werden, hat die deutsche Gesellschaft zur Rettung Schiffbrüchiger ein Depot von warmen Kleidungsstücken eingerichtet, die den Verunglückten unentgeltlich verabfolgt werden. So sind die Seemannsheime in den Fischereiplätzen bemüht, sich der Fischer in allen Lebenslagen anzunehmen und die Zufluchtsstätten für sie zu sein. Die nicht unbedeutenden Mittel zu ihrer Unterhaltung werden durch freiwillige Gaben und Stiftungen aufgebracht. Das Seemannsheim in Cuxhaven stützt sich auf den Verein für Seemannsmission in Hamburg.

Schwere Katastrophen, die viele Menschenleben forderten, wie der Dezembersturm im Jahre 1896 und der Sturm im Februar 1910, gaben den Anlaß dazu, die Mildtätigkeit weiter Kreise unseres Volkes anzurufen, um die

Abbild. 6. **Seefischereikursus im Seemannsheim in Cuxhaven.**

Not der Hinterbliebenen zu mindern. Auf diese Weise wurden Fonds durch den deutschen Seefischerei-Verein, durch ein Komitee in Geestemünde, an dessen Spitze der Landrat steht, und durch den Hamburgischen Hauptfischerei-Verein gesammelt, die in erster Linie für die jeweilig Betroffenen bestimmt, dann aber auch zum Teil, soweit es die Bestimmungen und Mittel zulassen, den Hinterbliebenen später Verunglückter zugute kommen.

Einige Witwenunterstützungskassen und der Klub „Rettungsring" in Geestemünde, der sich zur Aufgabe macht, sofort bei Eintritt eines Unfalles einzugreifen, um über die erste Not hinwegzuhelfen, vervollständigen die Wohlfahrtseinrichtungen für die Seefischer. Für die Seefischer sehr wichtig sind die Einrichtungen der Deutschen Gesellschaft zur Rettung Schiffbrüchiger.

Es darf wohl behauptet werden, daß die Wohlfahrts- und Fürsorgeeinrichtungen für die Seefischer am Lande in Deutschland in jeder Beziehung denjenigen anderer Länder gleichwertig und in mancher Beziehung überlegen sind. Aber der größte Teil des Lebens unserer Fischer spielt sich auf See ab, und dahin folgen wir ihnen noch nicht, wie es andere Nationen mit ihren Hospitalschiffen tun. Wie aber namentlich die Tätigkeit des holländischen Hospitalschiffes beweist, bedürfen auch unsere deutschen Fischer nicht selten des ärztlichen Beistandes auf See. Zwar hat es sich bisher bei den Hilfeleistungen des holländischen Schiffes immer nur um Heeringsfischer gehandelt, in deren Nähe es sich aufhält, weil die holländischen Fischer mit den deutschen zusammen auf den gleichen Fanggründen arbeiten. Für die zerstreut in der Nordsee, dem Skagerrak und an der isländischen Küste fischenden Fischdampfer, deren Arbeiten weit gefährlicher sind, als die Heeringsfischerei, gibt es bei Unglücksfällen und ernsten Erkrankungen keinen anderen Rat, als die Betroffenen im nächsten Hafen an Land zu bringen, wenn nicht zufällig der Fischereikreuzer in der Nähe ist und seinen Arzt sendet. Wie schwierig dies unter Umständen ist, welche Leiden und Gefahren es für die Verletzten und Erkrankten mit sich bringt, welche Betriebsstörungen dadurch entstehen und wie sehr der Heilerfolg in Frage gestellt wird, liegt auf der Hand. Wie durch den Ausbruch epidemischer Krankheiten, deren Charakter von Laien nicht rechtzeitig erkannt werden kann, die ganze Besatzung in Gefahr gebracht wird, haben Beispiele mehrfach bewiesen.

Aus diesen Gründen wird die Anwesenheit des

Fischereischutzschiffes der Kaiserlichen Marine von den Fischdampferbesatzungen stets freudig begrüßt und als eine Beruhigung empfunden. Aber der Kreuzer hat die ganze Nordsee, das Skagerrak und die isländischen Gewässer zu überwachen und nebenbei noch an militärischen Übungen teilzunehmen. Er kann daher nicht länger

Abbild. 7. **Samariterkursus im Seemannsheim in Cuxhaven.**

bei einer Flotte von Fischdampfern bleiben und ist zeitweilig der fischereilichen Tätigkeit ganz entzogen, wie er auch in der schwersten Zeit des Winters außer Dienst gestellt werden muß. Wenn trotzdem im letzten Jahre durch S. M. S. „Zieten" 27 Kranke von 14 deutschen und 10 Kranke von 8 holländischen Schiffen behandelt sind und das Torpedoboot „D. 8" 33 Kranke auf See behandelte, so zeigt dies die umsichtige und hochnotwendige Tätigkeit unserer Fischereischutzschiffe.

Abgesehen von rein humanitären Gesichtspunkten liegt die Hilfeleistung für die auf See befindlichen Fischer auch im Interesse der Reedereien und der Seeberufsgenossenschaft. Es würde natürlich nicht viel nützen, wenn man e i n deutsches Hospitalschiff ausrüstete, da dieses sich in ähnlicher Lage wie der Fischereikreuzer befinden würde und nur an einer Stelle der weit von einander entfernt liegenden Fischgründe tätig sein könnte. Die für ein solches Schiff aufgewandten Kosten würden kaum dem Nutzen entsprechen. Will man unseren deutschen Seefischern auf See bei ihrem gefährlichen Beruf zur Seite stehen, so muß in jedem Gebiet der Fischerei ein entsprechend ausgerüstetes Schiff möglichst dauernd anwesend sein. Dies läßt sich am besten dadurch erreichen, daß man bei Neubauten von Fischdampfern mehrere für die gedachten Zwecke einrichtet und aus öffentlichen Mitteln die Kosten für diese Einrichtung und auch für die spätere Besetzung dieser Schiffe mit einem Arzt trägt. Gegen eine entsprechende Subvention hätten die betreffenden Reedereien sich zu verpflichten, diese Dampfer stets an bestimmten Stellen fischen zu lassen und zwecks Hilfeleistung auf anderen Schiffen ihren Betrieb zu unterbrechen. Dann würden die Hilfeleistung möglichst gesichert und die Kosten soweit tunlich verringert sein, und die von Unglücksfällen betroffenen Fischdampfer wüßten, wo sie in der Nähe Hilfe finden. Möglicherweise könnten diese Sonderschiffe auch noch mit anderen wichtigen Funktionen beauftragt werden.

Hoffentlich gelingt es bald, für unsere Fischer auf See in ähnlicher Weise, wie das am Lande der Fall ist, solche Wohlfahrtseinrichtungen zu schaffen, die ihnen zeigen, daß sie auch dort draußen bei ihrem harten Beruf nicht vergessen sind.